SABER MIRAR

PARA CONSTRUIR EL CONOCIMIENTO

EditorialSoldeSol.com

info@editorialsoldesol.com

Plaza Admón. Vieja 1, 1ª Izq. 04003, Almería

SABER MIRAR PARA CONSTRUIR EL CONOCIMIENTO

© 2024, Carmen Santisteban Requena

© Diseño y maquetación: Editorial SoldeSol

© Ilustraciones de portada e interiores: Estel

(Esperanza Hernández Cano)

© Guardas: «Huellas», óleo, de Carmen Santisteban.

Corrección: Editorial Soldesol

Impreso en España — Printed in Spain

Noviembre 2024

ISBN: 978-84-19329-88-2 | Depósito Legal: AL 3983-2024

CARMEN SANTISTEBAN REQUENA

SABER MIRAR
PARA CONSTRUIR EL CONOCIMIENTO

UN MÉTODO EDUCATIVO Y DE APRENDIZAJE
PARA TODAS LAS EDADES

*Y si la pedagogía es saber enseñar,
este es un modelo pedagógico*

 Editorial Soldesol

A mis maestros:

A mi abuelo Gabriel, culto, inteligente, comedido en la palabra y coherente con sus actos.

A mi abuela Carmen, mi madrina, inteligente y elegante de espíritu. Toda bondad.

A mis padres, que me han enseñado a mirar con ojos limpios de prejuicios y comprender que buscar el camino de la verdad es una tarea ardua, pero que es el único camino.

A mis lectores, de quienes espero que también sean mis maestros.

Agradecimientos

A todos aquellos que me han animado a publicar este ensayo, en especial a Luis López Molina, a Ramón Madrigal, a Raquel Rico Linage y, a Gloria Bruno Jover, quienes lo han considerado desde sus respectivas miradas de docentes en diferentes ámbitos y niveles educativos.

ÍNDICE

PRÓLOGO

Desde hace años, más de los que querríamos, quienes hemos sido docentes toda o casi toda nuestra vida venimos oyendo a nuestros sucesores quejarse con insistencia de que cada curso, con cada nueva promoción, los nuevos discentes dejan más que desear: descuidados, incorrectos, reacios a la lectura (en contraste con la adicción a los teléfonos móviles), en ocasiones incluso agresivos. El esfuerzo, inevitable, de irlos formando, de encauzarlos, aumenta, se diversifica y acaba siendo decepcionante. Como consecuencia de todo ello, no faltan quienes, de tan extenuados, ponen fin a su descontento mediante bajas médicas o jubilaciones anticipadas.

Reacciones de este tipo son previsibles, incluso comprensibles, pero no han de ser inevitables. Es obvio que sucumbir a ellas equivale a una derrota de consecuencias amenazadoras. Una derrota que se puede y se debe evitar. No es fácil pero sí hacedero si uno se deja llevar por el optimismo de una posible rectificación. El mero intento, los avances en este sentido, son útiles tanto en lo personal como en lo colectivo. Alcanzan incluso rango placentero, imprimen sentido al tiempo libre, evitan la caída en pasatiempos triviales. Todo se basa en no adocenarse, en mantenerse abierto, aunque sin divinizarlas, a las nuevas circunstancias de un mundo en transformación. En no dejarse ganar por el derrotismo ante las manipulaciones políticas, las desigualdades inmensas de la economía y las alarmas climáticas. Pese a todo, aun sin rebajar su importancia, cabe, y hay que aspirar a ella, una nueva forma de entender la formación de los jóvenes, de estimularlos, de «abrirlos» a la cultura, de guiarlos cuando aventuran los primeros pasos en ella. En el caos de nuestro mundo emergen islotes de esperanza; sobreviven confusiones transformables en claridades que pueden superarlas, toda una serie de atisbos de mejoría dispersos pero susceptibles de visibilidad, de concentración, de reordenación y de aplicación práctica si llegan a alcanzar el nivel adecuado. Se trata, en definitiva, de SABER MIRAR, lema que encabeza este ensayo-programa de nuestra prologada. De eso se trata, en efecto. Se impone aprender a mirar (mirar para entender), a reflexionar (para conocimiento de nuestro mundo e inspiración de nuestra conducta en él), a discutir (para mantener el respeto recíproco), a cultivar la curiosidad (generadora de progreso y bienestar). Todo al servicio de todos, pero más comprometidamente al servicio de los débiles, de los más débiles.

Obviamente, todo lo dicho va referido a un caso y a una conducta en particular: el de la fundación puesta en marcha gracias al talento, sentido de responsabilidad, esfuerzo generoso y entusiasmo para llevarlo adelante de Carmen Santisteban Requena. Según ella misma declara (la parafraseo), se ha planteado publicar una especie de ensayo en donde quiso reflejar su proyecto SABER MIRAR.

Carmen, catedrática universitaria, científica dotada de un amplio espectro de conocimientos también interdisciplinarios, esboza aquí las líneas matrices de su proyecto partiendo de conocimientos teóricos llamados a inspirar una actividad educadora diversificada y sostenible. Dichos conocimientos (filosofía, ciencias, ensayo, literatura) proporcionan la base teórica, la atmósfera, la estructura de lo que se proyecta hacer. Lucen ya en SABER MIRAR. Son capital adquirido. Pero no es solo esto. Está además la actividad concreta, el trabajo de cada momento, tras cada ocasión que se le ha ofrecido o que ella misma ha preparado. Pienso, claro, en la financiación, en los trámites oficiales, en los contactos particulares con personas susceptibles de unirse al proyecto para consolidarlo, en la organización de cursillos y coloquios, en la puesta en pie de actividades mixtas de trabajo y de recreación. Todo ello con un trasfondo común: voluntad permanente de ir más allá, con la mirada, con la reflexión, con el intercambio de ideas. En este sentido es ya mucho lo que Carmen lleva conseguido. Es de rigor referirse, como ejemplo, a la catástrofe natural (erupción volcánica) ocurrida en la isla de La Palma (Canarias) en 2021: exposición de dibujos infantiles inspirados por aquella experiencia traumática, organizada en colaboración asidua y fecunda con responsables de la enseñanza y de las instituciones. Toda esta actividad resultó ser una lección práctica esclarecedora, un gran ejemplo de cómo dar vida a un proyecto y de cómo llevarlo a buen puerto.

Resumiendo: Carmen Santisteban Requena se ha ganado ya gratitud y respeto. La felicitamos de corazón. La animamos a dar aún más de sí. Lleva ya mucho hecho. Pero es mucho más lo que se espera de ella.

Luis López Molina
Ginebra 2024
(Catedrático de la Universidad de
Ginebra en Lengua, Literatura y
Civilización Española)

NOTA DE LA AUTORA

La aproximación a un ensayo requiere una propedéutica, pues las ideas sobre un tema se vierten con carácter y estilo personal. Cabe advertir que, en este caso, casi lo único que se requiere de los lectores es interés por la búsqueda y por el saber; que el querer saber sea relevante en sus vidas y que lo hagan libres de prejuicios. Este ensayo —cuya primera versión se registró en la propiedad intelectual en enero de 2022— intenta responder a cómo mirar y enfrentarse al análisis ante cualquier tipo de cuestión, ya sea personal, científica, política, social, medioambiental... La obra está imbuida por lo vivido en el núcleo familiar más cercano, y por mi experiencia docente. De una parte, conocí el interés por la verdad, el rechazo de la maledicencia, la reflexión y la empatía en el seno familiar y, por otra, en mi tarea docente e investigadora, desarrollada siempre en ámbitos universitarios, he tratado de que estuviera dotada de un alto componente educativo, tanto en lo racional como en lo emocional y en lo social, sin considerar como prioridad estar al servicio del mercado, ni de la rentabilidad. Algunos de estos aspectos y mi preocupación por transmitir el interés por la búsqueda se refleja en varias de mis publicaciones, como en *Los Métodos y el Progreso de la Ciencia,* que es una obra coral que se publica en 2003 y en la que intervienen varios especialistas, con un prólogo excepcional escrito por el filósofo de la ciencia M. Garrido. El libro es fruto de un amplio debate que diseñé para involucrar a alumnos de doctorado y prestigiosos especialistas con amplia experiencia docente e investigadora en diferentes materias, exponiendo y razonando en un mismo foro. Esta actividad, la exposición de principios y el debate, he procurado llevarla al aula, así como a mi entorno en cualquier ámbito y ahora pretendo seguir propiciándola en la sociedad, auspiciada por la fundación que presido y bajo el lema «Saber mirar», siendo este ensayo un intento de mostrar algunos de los puntos clave de su base conceptual.

Así pues, la propedéutica para abordar este ensayo es la voluntad de enfrentarse al reto de comportarse como un ser activo y apasionarse por la búsqueda y el cuestionamiento.

OBJETIVO

*Mi solo propósito al publicar todos mis libros
ha sido siempre el de hacer algo útil por mi
trabajo, y si no puedo lograr eso, entonces al
menos no hacer daño.*

ERASMO DE ROTTERDAM

Todos los que participamos en procesos formativo-educativos muchas veces nos sentimos frustrados cuando, a pesar del esfuerzo y el empeño, no hemos conseguido que el discente llegue al fondo de las cuestiones que se plantean. En mi larga experiencia docente y vital, me he encontrado multitud de veces con esa dificultad al intentar saber cómo transmitir, cómo dirigir al alumno, o a aquel con quien estoy compartiendo pensamiento, para que alcance la esencia de la cuestión que se está tratando, más allá de la información de la que partimos, más allá de una visión personal subjetiva, interesada o acomodaticia respecto del momento. Esas visiones parciales, a veces muy interesantes, fijan de tal manera la atención que nos impiden llegar al fondo de las cuestiones planteadas. El método que aquí se propone no pretende eliminar las diversas metodologías que hasta ahora se han utilizado. Al contrario, basándose en lo ya conocido y ensayado, se propone una vía que lleve certera y profundamente al objetivo.

El objetivo de estas reflexiones, estructuradas en diversos apartados —a cuyo conjunto le he dado el nombre de «Saber mirar»— es que sea una guía útil para la vida diaria y que sirva de armazón en cualquier proyecto de trabajo que persiga ese fin anteriormente mencionado. Esto es, que se busque más allá de lo puramente sensorial, o de la mera información, en un acto consciente y deliberado que implique escudriñar los entresijos, poner en duda, ver las diferencias con claridad; comprender el núcleo de la cuestión; separar lo esencial de lo accesorio. En suma, detectar lo compatible y lo contradictorio, para poder llegar a una conclusión válida. A este armazón se le puede dar la forma adecuada para presentarlo en cualquier circunstancia, cubriéndolo con el contenido atingente al tema que se quiera tratar y a las condiciones socioculturales, de edad o de cualquier otra índole de los discentes o de cualesquiera que compongan el foro en el debate. Es este un esqueleto al que se viste con los ropajes propios del tema que se pretenda analizar. Es un aprendizaje de fuera a dentro, pasando de lo más conocido, externo o visible, a lo que realmente es conocimiento. Esto es, profundizar en el ser y en el *per se*, en la naturaleza de lo que se quiere conocer.

Esquemáticamente, este método consiste en proporcionar las herramientas necesarias para que, de forma ordenada, se vayan dando los pasos necesarios para la consecución de los fines; esto es, para la adquisición de conocimiento.

Esos pasos los hemos etiquetado como sigue:

SABER MIRAR

para

COMPRENDER

ANALIZAR

y

SABER DISCERNIR

para

ACTUAR

Este método está imbuido por el pensamiento socrático en cuanto a la búsqueda activa del conocimiento, examinando, cuestionando, dialogando, debatiendo, poniendo en duda lo que se nos ofrece como certezas, para analizarlas y comprender las realidades con mayor profundidad. Y siempre buscando, como bien supremo, la obtención de conocimiento.

BASES Y FUNDAMENTO

La verdadera ignorancia no es la ausencia de conocimientos, sino el hecho de negarse a adquirirlos.
KARL POPPER

El mayor peligro que nos depara el futuro es la apatía.
JANE GOODALL

Aprender a mirar es una manera de relacionarse con la vida misma, con el aprendizaje en cualquier ámbito, incluido el escolar, y con la sociedad. Es una forma de acercamiento al objeto que se quiere conocer. Como ya he dicho, saber mirar es un acto consciente y deliberado del sujeto, que requiere un aprendizaje.

Si consideramos, como decía Descartes, que en el desarrollo del aprendizaje la inteligencia no se comporta pasivamente y que educar no es rellenar la memoria, sino enseñar y clasificar debidamente los conocimientos, entonces este sistema, de alguna manera, es cartesiano. En ese necesario entronque entre filosofía y educación, podemos decir que este método no tiene una fuente filosófica única, sino que se nutre principalmente del racionalismo de Descartes, del empirismo de Locke y de Hume, del idealismo transcendental e, inevitablemente, de las teorías de Kant y otros pensadores posteriores.

Locke habla de la experiencia externa refiriéndose a que las cualidades sensibles de los objetos son transmisibles a la mente a través de los sentidos y que esto, la sensación, es la primera fuente del conocimiento. A las sensaciones, Locke las llama «ideas simples», para contraponerlas con lo que llama «ideas complejas», derivadas de la reflexión o experiencia interna. Es curioso observar que en la actualidad muchas personas se quedan en esas ideas simples, sin ir más allá, sin pasar de las sensaciones, sin someterlas a procesos de asociación y combinación para que de ello se deriven las demás ideas. Es por eso que, en nuestro método, empezamos el proceso en un «saber mirar» para ir más allá de lo inmediato.

Admitiendo total o parcialmente las premisas de Locke, podemos comprobar que en nuestra sociedad y en nuestro entorno más inmediato, mucha de la información no nos llega a través de los «objetos», sino a través de palabras ya elaboradas por otros. Y, parafraseando a Locke, las palabras son signos que expresan las ideas y no las cosas. Actuando de esta manera, inevitablemente, se ha sustraído al individuo gran parte de la fase de reflexión o experiencia interna.

ESTADO ACTUAL DE LA CUESTIÓN

> *Solo existe un bien: el conocimiento; solo*
> *existe un mal: la ignorancia.*
> SÓCRATES

En las sociedades actuales, al menos en las que llamamos del Primer Mundo, si intentamos comprender ciertos comportamientos apartándonos ligeramente del empirismo de Locke, Berkeley o Hume o si, por el contrario, decidimos aproximarnos a las teorías de filósofos racionalistas como Descartes, Spinoza o Leibniz, en ninguno de los dos posicionamientos conseguiríamos totalmente nuestro objetivo de llegar al conocimiento. Esto puede sonar a trabalenguas, pero hago esta disquisición porque creo que, en el estado de cosas actual, las maquinas nos han invadido y fiamos nuestra reflexión a resultados estándar. Nos encontramos inmersos en un mundo en el que la tecnología nos puede llevar a prescindir del razonamiento. Se podría decir que ese «evitar pensar» se ha convertido en una tendencia en la vida cotidiana. Ante cualquier cuestión, la máquina da un resultado y, aun comprobando que es incompleto o que falta información para el propósito que se persigue, no se intenta razonar: hay una tendencia a seguir fiando a la máquina el proceso. Se busca en el ordenador o en el móvil y ni siquiera se necesita o se demanda la rigurosidad del concepto, basta con una aproximación. Esto puede estar dejando al margen ese proceso interno del que hablaba Locke; esa necesaria introspección para realizar asociaciones y combinaciones que permitan llegar a las ideas complejas. En esta situación, tampoco se pueden aplicar las teorías de los racionalistas en sentido estricto, pues en la mayor parte de estos contextos se requiere un mayor dominio de la tecnología que de la razón.

Las noticias ya digeridas por otros, y el uso indiscriminado de las tecnologías en todos los momentos de la vida diaria, influyen negativamente en ciertos procesos cognitivos. Las tecnologías son realmente útiles para cierto tipo de aprendizaje, porque pueden activar la memoria (cuando no se confía todo a la máquina), e incluso pueden activar ciertas capacidades visuales, pero no suelen ser ni deben utilizarse como herramientas idóneas para dilucidar y comprender.

EL PROCESO

La vida es lo que pasa mientras estas
ocupado haciendo otros planes.
JOHN LENNON

Este proyecto propugna que hay que apoyarse en la mirada que nos conduce a la búsqueda de la esencia y habituarse a la reflexión para desarrollar espíritu crítico. Esto nos llevará por la vía del análisis a ese discernimiento del que tan escasos vamos estando, a la vez que se da impulso a la iniciativa y a la creatividad.

En el desarrollo de este proyecto hay también que reflexionar sobre el tipo de conocimiento que conllevan las palabras y los objetos, así como sobre el interés que suscita el objeto, como bien decía Descartes. Para adentrarse en esta aventura recomiendo leer a los filósofos de la ciencia, especialmente a Kant, y también conviene atender a lo que dice Herbart: que hay que atraer la atención sobre el objeto. Él niega todo tipo de aprendizaje si desde el principio, sea cual sea la causa, no se ha conseguido el interés. Conseguir el interés es una de las razones que nos lleva a proponer que el esqueleto del proyecto, su esencia, lo presentemos siempre revestido de temas que sean del interés de los grupos sociales o de quienes van a participar en los debates o de los asistentes a nuestros cursos o seminarios. La atención, el interés y la motivación son imprescindibles, pues la inteligencia racional interactúa con lo que Goleman ha denominado inteligencia emocional. Esto es: reconocer las emociones propias y ajenas, ejercer un control sobre las propias regulando los automatismos de la respuesta emocional. Por ello, además de otras actuaciones que consideramos esenciales, como es el razonamiento, hay que añadir que otras, como escuchar, empatizar y comunicarse eficazmente, son de presencia imprescindible en el proceso.

COMENZAR EL PROCESO

No camines delante de mí, puede que no te
siga. No camines detrás de mí, puede que no
te guíe. Camina junto a mí y sé mi amigo.
ALBERT CAMUS

La libertad consiste en ser dueños de
nuestra propia vida.
PLATÓN

SABER MIRAR es el comienzo del proceso. Es situar al participante en una actitud activa para que reciba la información, para lograr que vea el «objeto» en todas sus dimensiones y que sea él mismo quien pregunte, se repregunte, deduzca y concluya. Esto es, los participantes, con independencia del revestimiento que da el tema a tratar, aprenden una vía para obtener conocimiento mediante la adquisición de pensamiento estructurado.

La posesión de pensamiento estructurado genera personas con mayor confianza en sí mismas, con mayor independencia de juicio, con mucha resiliencia e impulsa su capacidad creadora. Es una especie de trayectoria, como la que se sigue en la enseñanza y en el aprendizaje de la matemática en los estudios reglados. Las matemáticas enseñan a pensar críticamente, no importa la profesión que se elija. Ya Descartes concebía que todo aquello digno de ser llamado conocimiento debe necesariamente tener claridad, seguridad y utilidad. Y entre todos los saberes, destaca uno concreto: la ciencia matemática. Creo que en la actualidad nadie duda de ello.

ANALIZAR Y CRITICAR

*El sabio no dice todo lo que piensa, pero
siempre piensa todo lo que dice.*
Aristóteles

*El problema de la humanidad es que los
estúpidos están seguros de todo y los
inteligentes están llenos de dudas.*
Bertrand Russell

Generalmente, el conocimiento lo recibimos fragmentado. La instrucción formal se suele presentar en disciplinas compartimentadas, sin explicitar ni impulsar a que se busquen sus interconexiones y, adicionalmente, en los contextos sociales y en la vida diaria, las informaciones provenientes de los *mass media* nos suelen llegar de forma errática y a veces transmiten informaciones falaces e interesadas y, por todo ello, el mundo que

nos rodea se nos aparece lleno de contra-
dicciones.

El pensamiento crítico es la capacidad
de aunar los elementos, de analizar y eva-
luar la consistencia de los razonamientos. El
procedimiento que proponemos abunda en
estrategias para establecer conexiones entre
las distintas miradas a mundos diversos y
las diferentes facetas de cada tema que se
trate, para proceder al análisis crítico, de-
tectando las continuidades y/o divergencias
lógicas y así acceder al conocimiento. Para
aprender, hay que confrontar teorías, experimentos y opiniones, para después concluir y,
si el caso lo requiere, actuar. La ruta siempre
es la misma y también el resultado: construir
el conocimiento sin quedarnos atrapados en
etapas intermedias. Mirar el tema con toda
la información; saberla mirar, como un fotó-
grafo mira la luz. Si cambia la luz, cambia
también la percepción del objeto, sin que este
se haya alterado. Entonces hay que saber
vertebrar la imagen con todas sus caras, todas sus aristas, todas sus luces, todas sus
sombras. Relacionar todos los elementos es

SABER MIRAR analizando la ubicación y el sentido de cada objeto. Decía María Zambrano que le preocupaba «humanizar la historia y aun la vida personal; lograr que la razón se convierta en instrumento adecuado para el conocimiento de la realidad, ante todo de esa realidad inmediata que para el hombre es él mismo». Erasmo, en la crítica social recogida en su obra el *Elogio de la locura*, exhorta al análisis y a la reflexión. Su invitación a hacerlo va dirigida tanto a las personas como a las instituciones. Desde mi punto de vista, la reflexión es un ejercicio simple cuando nos habituamos a hacerlo. Observando cómo discurren ciertos acontecimientos y discursos sin atisbos de que haya habido una reflexión previa, me afloran algunas preguntas sobre si realmente es sencillo reflexionar. Entonces me suelen atrapar escenas de la vida diaria como, por ejemplo, gimnasios repletos de gente cuya preocupación, a veces obsesión, por la imagen corporal es realmente importante y de ahí me surge la idea de que tendríamos que poner el mismo empeño, al menos, en habituarnos a ejercitar el «músculo» de la reflexión, pues si no lo hacemos y vivimos hacia fuera, sin verter nuestra mirada al interior, no seremos dueños de nosotros mismos.

Educación no es sólo instrucción. No se trata aquí de hacer una exposición de las diferentes teorías y definiciones sobre lo que es la educación, solamente nos ceñimos a lo generalmente aceptado: que la educación va mucho más allá de la mera transmisión de conocimientos de materias concretas. Educar es un proceso complejo que requiere promover en los individuos el desarrollo cognitivo, emocional, ético y social necesarios para que se produzca el avance y el progreso personal y por ende el de las sociedades. Una parte importante de este proceso requiere poseer conocimiento racional: el análisis. Para impulsar la adquisición de conocimiento racional hay que trabajar, pues hay que hacer un esfuerzo consciente y metódico y con un hilo conductor argumentativo que obedece a las leyes formales de la lógica. Esto se puede hacer de manera individual, pero, si se parte de la posición de docente, hay que entrenar a los discentes para que recorran el camino que los lleve a pensar por sí mismos y a poner en relación los distintos elementos, valorando sus fortalezas y sus debilidades: analizar y criticar. Debería promoverse, ya desde la escuela, el desarrollo de competencias lógicas y argumentativas que impulsen al sujeto a adoptar una actitud crítica, pues se le estará dotando de las herramientas necesarias para alcanzar conocimiento, a la vez que genera un determinado *ethos,* una manera de estar en el mundo. Llegados a este punto no podemos olvidarnos de que en todo este proceso, además de la lógica y la razón, son necesarias —si no imprescindibles— la inquietud y la curiosidad.

En nuestra sociedad hay demasiados sujetos pasivos que consumen información «enlatada» sin analizarla. Eso genera información superficial en sus relaciones con los otros y en las redes sociales, además de un consumismo irracional que, sin embargo, se percibe como el estado natural de las cosas. Sería muy deseable, especialmente en los momentos que vivimos y en los que se nos avecinan, que la *actitud crítica* sea un objetivo esencial de la educación, en lugar de denostarla. Dice Moulines que «incluso en la más anodina charla de café, en la medida en que no consista meramente en la actividad de producir ruidos por el placer de hacerlo, tiene sentido solo si se presupone en los participantes un mínimo acervo común de conceptos y principios, aunando el objetivo de informar, convencer, refutar y en definitiva argumentar unos con (o contra) otros». El proyecto que tenemos entre manos trata de romper la tendencia a comportamientos pasivos, exentos de análisis, crítica y reflexión. Consiste en saber mirar para saber hacer. En definitiva, es MIRAR de otra manera la educación, la Educación en sentido amplio.

REFUERZO Y PRECISIÓN DEL LENGUAJE

*Los límites de mi lenguaje son los
límites de mi mente.*
LUDWIG WITTGENSTEIN

*El lenguaje es el vestido de
los pensamientos.*
SAMUEL JOHNSON

El lenguaje es la base de la comunicación del ser humano, por lo tanto, el éxito de este proyecto también requiere reforzar el lenguaje y aplicarlo con precisión, tanto en el vocabulario como en la estructura gramatical. En el procedimiento que se propone, el individuo está obligado a expresar libremente lo que piensa, argumentando cada paso, incluso cuando esté hablando consigo mismo. Esto requiere el uso de un lenguaje preciso, que no dé lugar ni a equívocos ni a dobles versiones.

Al ser el lenguaje nuestro vehículo de comunicación, deberíamos esforzarnos en que sea la expresión precisa de nuestro pensamiento, y esta filosofía la concibo aplicable a lo personal y a la población en general. En el caso en que estos principios se presenten en cursos o seminarios que se ofrezcan en contextos educativos convencionales, creo que se deberían exponer fuera de las materias regladas, aunque, evidentemente, estos principios serán un arma poderosa para el aprendizaje en cualquiera de las materias. Si bien cada materia posee una terminología propia y específica, el lenguaje en que se vehicula es común y no por ello debe dejar de ser riguroso con el significado de la palabra en el texto y en el contexto. En todos los casos se tratará especialmente de ir rompiendo la tendencia a expresarse con palabras y expresiones de otros; con locuciones inexactas o manidas. Habrá que tratar de superar las limitaciones del lenguaje que se están produciendo actualmente debido al uso extendido de la comunicación a través de las redes sociales. Creo que estos medios están empobreciendo de forma significativa el lenguaje y, por ende, el pensamiento. «Intelijencia, dame el nombre exacto de las cosas» es el primer verso de un poema de Juan Ramón Jiménez. Es evidente que vivimos en una sociedad llena de datos inconexos, no articulados, con un lenguaje descuidado lleno de inexactitudes. Entre los profesores, a veces se comenta que desgraciadamente en la universidad hay personas que no aprenden porque «no saben ni leer ni escribir». La laxitud en el uso del lenguaje, el escaso conocimiento de la terminología específica, y el no comprender el verdadero significado de las palabras en el texto y en su contexto los hacen analfabetos funcionales en la tarea de aprender. Además de conocer el significado exacto de los términos propios de cada disciplina, sea esta la matemática, la física, el derecho, la psicología o cualquier otra, tienen que haber adquirido y utilizar un lenguaje claro y preciso. Con frecuencia también ocurre que muchos de los términos propios de una determinada disciplina han trascendido del ámbito académico y profesional pasando al acervo del lenguaje popular, y ciertamente lo enriquecen de forma significativa, pero también suele suceder que al mismo tiempo que algunos términos se han ido popularizando, se han ido alejando de su significado. Existe un amplio uso colectivo de muchos de ellos que no responden a su verdadero significado, perdiéndose así en el pensamiento y en la comunicación la necesaria exactitud y precisión.

Desde mi posición crítica, ha quedado claro que me uno a la teoría de que hay interdependencia entre lenguaje y pensamiento, tal como la defienden, entre otros, Vigotsky (Vygotskiî) y Luria (Lúriya), y este último es quien además atribuye al lenguaje una función «reguladora» que afecta al comportamiento. Desde este punto de vista, defiendo la precisión del lenguaje y que siempre, y sobre todo actualmente, hay que fortalecerla en el mayor número de ámbitos posibles.

Con datos inconexos y un léxico inadecuado, no es posible comprender el objeto mentalmente descompuesto en trozos esparcidos en distintos contextos: en lo social, en lo personal, en lo educativo... En el proceso de la necesaria articulación para su comprensión es imprescindible, entre otras cosas, la precisión del lenguaje.

Por si sirve de algo quiero recordar, sobre todo a los más apasionados por las nuevas tecnologías, que el poder de los lenguajes formales ha sido una gran contribución al desarrollo de la IA y a la computación.

Claridad y precisión en el lenguaje son indispensables en el proceso de conocer y en el de comunicarse correctamente y también lo son en la inevitable concomitancia entre comunicación, lenguaje y pensamiento, teniendo también muy en cuenta un factor tan importante como es el de la subjetividad al personalizar el pensamiento. La subjetividad puede ser un factor que lo distorsione o, por el contrario, puede aportar sentido al objeto tratado y a la propia vida. Por ello es relevante que, en el camino que estamos proponiendo, se ayude a adquirir la necesaria capacidad de discernimiento.

LO REPETITIVO Y LA RELEVANCIA DEL CONTENIDO

El ruido de las carcajadas pasa.
La fuerza de los pensamientos queda.
Concepción Arenal

A menudo, y todos estamos expuestos a ello, se emiten frases y mensajes en los que no hay contenido relevante. Palabras y frases que se repiten en los medios y que van calando en la sociedad, distrayendo, evitando que el individuo perciba la vacuidad del contenido y se detenga para entresacar lo importante. El uso masivo e indiscriminado de las plataformas como medio de comunicación entre personas y grupos, combinado con las estrategias empresariales de *marketing*, empobrecen el lenguaje e inciden en lo repetitivo. Y muchas veces las personas adoptan esas mismas estrategias, presentando las cosas como deseables, no porque su contenido sea realmente relevante y provechoso para la persona, sino porque está dirigido al «cliente» para que consuma esos contenidos. Los más jóvenes usan ahora plataformas como TikTok, en las que el lenguaje de los usuarios es esencialmente corporal y la voz se emite a través de un robot. Esos usuarios desarrollan memes que se supone que están llenos de imaginación y contenido creativo. No dudo que eso sea así, sin embargo, lo que realmente se crean son vídeos que duran varios segundos, que se consumen por millones, y que su finalidad es que «enganchen», y no cabe duda de lo repetitivo de las estrategias y del lenguaje. El consumo cotidiano y casi exclusivo de estos productos promueve que el individuo esté habituado a seguir esa tendencia y no repare en que lo repetitivo es también una estrategia que se usa de forma intencionada para que el mensaje vaya calando y tomando posiciones en la mente del consumidor, que no está preparado para entresacar lo relevante y detectar las incoherencias, las disonancias cognitivas.

DISONANCIAS COGNITIVAS

> *Las personas nos sentimos incómodas*
> *cuando mantenemos simultáneamente*
> *creencias contradictorias o cuando nuestras*
> *creencias no están en armonía con lo que*
> *hacemos.*
> *Cuando existe disonancia, además de tratar*
> *de reducirla, la persona evitará activamente*
> *situaciones e información que probablemente*
> *aumentaría dicha disonancia.*
> Leon Festinger

Es muy común advertir que muchos individuos no detectan las disonancias cognitivas, no reconocen esas desarmonías entre las diversas creencias, los pensamientos o entre las acciones y los pensamientos, ya sean propios o de otros, rompiéndose así todo el proceso que lleva al reconocimiento y posterior conocimiento. Se aceptan opiniones ajenas y se actúa sin analizar los elementos que llevan a la contradicción.

Esto es causa de que, ante ciertas realidades a las que el individuo debe enfrentarse necesariamente, se suela entrar en una especie de interpretación esquizofrénica de esa realidad, que afecta al pensamiento y al comportamiento, porque romper las disonancias requiere un esfuerzo y un entrenamiento del que muchas veces se carece. Si siente que le afecta, el individuo carente de ese entrenamiento se desespera porque no sabe cómo llegar a una solución. Ese entrenamiento requiere un aprendizaje previo de *saber mirar* para *analizar* para *comprender* y saber *discernir* para, finalmente, *saber actuar*. A menudo reducimos la incomodidad de la disonancia cognitiva distorsionando la información que nos la provoca, especialmente cuando entra en conflicto con creencias y valores. Festinger demostró experimentalmente que la mente de quienes se autoengañan resuelve la disonancia cognitiva aceptando la mentira como verdad. También, en muchos casos, en un intento de poner fin a la situación de conflicto, el sujeto puede adoptar comportamientos propios de lo que podríamos llamar un pasota mental, o bien, los de un fanático.

En una atmósfera sociopolítico-cultural en donde se está diciendo una cosa y la contraria por parte de personas influyentes, con unos modelos sociales muy lejos del concepto de *superhombre* de Nietzsche y unos medios que nos abruman con un discurso carente de complejidad moral, el individuo está doblemente mensajeado. Aquellos que no tienen la voluntad y las herramientas para llegar al conocimiento, si no caen en el pasotismo o se radicalizan, buscan modelos de comportamiento prefabricados para devenir en personas guiadas por el discurso dirigido que, en nuestra sociedad de primer mundo, conduce a generar seres potencialmente consumistas y socialmente vacíos.

Uno no puede llegar al conocimiento, ni ser realmente libre, si toda su comprensión está imbuida y delegada al pensamiento de otros.

EL RUIDO EN LOS SISTEMAS. OBJETIVO Y DISTRACTORES

*Nuestros pensamientos crean nuestra
realidad: donde ponemos nuestra
atención, crece.*
Louise Hay

Recuerdo haber afirmado anteriormente que *saber mirar* es un acto consciente y deliberado y que, sin embargo, en muchas ocasiones la consideración de cuestiones marginales o interesadas fija de tal manera nuestra atención que impide detectar o desdibuja lo relevante. Esto es, se presta más atención al ruido que a la señal.

En todos los sistemas, físicos, mentales, sociales, etc., hay señal y ruido. La señal será el objeto o la información útil que se quiere captar o transmitir y el ruido son todos los elementos o las informaciones que vienen a perturbar y tienden a enmascarar la señal. Acudiendo a una frase habitual diremos que ruido es todo lo que no es señal. Y en este contexto, para adentrarnos en cómo llegar al significado y a la acción de «saber mirar», tendremos que aprender a separar la señal del ruido, o sea, el objetivo de los distractores, para prestar atención a todo lo que es señal.

En mi larga experiencia como investigadora he trabajado bastante sobre la atención, tanto con experimentos audiovisuales en el laboratorio como usando las técnicas fMRI (imagen por resonancia magnética funcional), y creo que se puede afirmar que, cuando nos llegan los estímulos, la atención actúa como una especie de filtro y que el procesamiento no es errático, sino que podemos controlar conscientemente el análisis atencional. Podríamos decir, utilizando una bella imagen visual habitual en la literatura especializada en este tema, que el sujeto puede decidir dónde poner el *foco*. Si esto es así, y como la asignación de recursos cognitivos es flexible y está bajo nuestro control, podemos decidir centrar nuestra atención en lo relevante en lugar de ser prisioneros de otros estímulos entrantes, ya que somos capaces de asignar recursos limitados a los estímulos importantes.

No cabe duda de que en la sociedad en la que vivimos estamos sometidos a una estimulación constante proveniente de muy diversas fuentes, especialmente de los medios. Estímulos que nos llegan de forma masiva y persistente a través de los dispositivos electrónicos, comúnmente tabletas y móviles. El problema no es el uso de los dispositivos, sino nuestra constante disponibilidad a atenderlos. Esta actitud nos lleva inevitablemente a consumir recursos cognitivos y emocionales atendiendo a elementos en los que, la mayor parte de las veces, realmente no tenemos interés. Nos llegan sin filtros, nosotros tampoco los ponemos y estamos malgastando nuestros recursos. Muy probablemente, esta es una razón a la que se atribuye el haberse detectado en los países con mayor consumo de estos aparatos un notable aumento de desajustes y deficiencias relacionadas con la atención y con la capacidad de concentración, así como un aumento de los casos diagnosticados con el síndrome TDAH (Trastorno por Déficit de Atención e Hiperactividad). Si no hay una determinación personal y consciente sobre aquello a lo que queremos o no queremos atender, los estímulos que se emiten, y que nos llegan a través de las pantallas, son los que manejan nuestra mente, nuestros intereses y nuestras vidas. Reflexionemos sobre el hecho de que estamos «vendidos» a las prisas de consumir lo inmediato, que nos falta silencio y tiempo para la observación y la reflexión.

No es baladí que en la teoría de la atención se distinga entre dos tipos de procesamiento. Uno se refiere a cuando se atiende al objeto sin proponérselo, es el objeto el que «manda», el que captura la atención, entonces se dice que el proceso se produce de abajo a arriba (*bottom-up*). El otro (*top-down*) es el que va de arriba a abajo, pues en este caso es el sujeto quien de forma consciente atiende a lo que le interesa. Ambas formas conviven en nuestra vida diaria, pero más a menudo de lo que sería deseable para ciertos contextos nos llegan estímulos, emitidos de forma intencionada o no, que nos llevan a un procesamientos *bottom-up.* Esos estímulos son tan intensos, o se presentan de tal manera, que los atendemos, desatendiendo y no preocupándonos de lo relevante.

Considero importante que en la sociedad actual se tome conciencia de esta situación, pues no solamente las empresas y el mercado luchan denodadamente por capturar toda nuestra atención, sino que también lo hacen ciertos individuos, quienes primero, de alguna manera, hurtan nuestra atención y luego se la cedemos gratuitamente, incitando a la vez a que nosotros también nos convirtamos en objetos de atención para otros, incluso poniendo en riesgo la intimidad y la propia seguridad. Esta es una cuestión de suficiente relevancia para que la sociedad en general, y los individuos en particular, lo tomemos en consideración, pues vivimos en parte prisioneros de todos esos mensajes y estímulos, contentándonos con lo que solo es un reflejo opaco de lo que debería ser nuestra libertad. Se trafica con nuestras emociones mientras se dificulta o se desvía el ejercicio de la racionalidad. Absortos y embebidos por un universo digital, desviamos nuestra atención a aquellos estímulos que nos reclaman consumir lo más inmediato, con la prisa del instante, pues el estímulo cambia constantemente, sin dejarnos tiempo para focalizar nuestra atención en nuestro propio yo, en la reflexión pausada y consciente. Siendo así, asistimos al triste espectáculo de una sociedad que se vuelve indolente y consumista, en la que el individuo va perdiendo su identidad. Es ineludible examinar esta cuestión y tomar conciencia de ella, para cualquiera que desee entrenarse en «Saber mirar» para adquirir conocimiento.

En esos momentos, no quiero pasar sin hacer mención a otro tema que considero que está provocando mucho ruido informativo en nuestra sociedad: la inteligencia artificial (IA). Me pregunto ¿cuánta atención y de qué tipo debemos prestar a todo lo que nos llega de la inteligencia artificial? La irrupción de la IA en nuestras vidas ya es un hecho. Las facilidades que nos presta actualmente, y todo lo que se derive de su futuro desarrollo, tenemos que considerarlo como parte de un sistema dirigido a la ayuda y al conocimiento, identificando aquí también el objetivo. Se trata de optimizar los servicios y ayudas que nos preste este desarrollo tecnológico, aprendiendo también aquí a separar el objetivo de los distractores, haciendo la pertinente adecuación de la IA a nuestros objetivos, de manera que no nos genere ruido, ni nos perdamos en el ruido.

HACER DUDAR

La duda es el origen de la sabiduría.
DESCARTES

*En todas las actividades es saludable,
de vez en cuando, poner un signo de
interrogación sobre aquellas cosas que por
mucho tiempo se han dado como seguras.*
BERTRAND RUSSELL

*Duda siempre de ti mismo, hasta que los
datos no dejen lugar a dudas.*
LOUIS PASTEUR

*La duda es uno de los nombres de la
inteligencia.*
JORGE LUIS BORGES

En todo proceso de búsqueda es imprescindible poner al individuo en situación de que dirija el pensamiento hacia el objetivo de conocer en verdad, provocar en él la duda, hacerlo dudar. En principio, hay que llevarlo a lo que Descartes plantea como «duda metódica», es decir, a rechazar todo aquello que no esté exento o conduzca a la duda, pues hay que partir de una base de conocimiento cierto para fundamentar y construir otros conocimientos. Al ir en busca de esas certezas se genera la matematización del proceso. Descartes, en su obra más famosa —*El discurso del método para conducir bien la propia razón y buscar la verdad de las ciencias*—, propone cuatro reglas que podemos adoptar. Estas son: la evidencia, el análisis, la síntesis y, por último, la revisión y comprobación. A todas ellas, de una manera u otra, me he ido refiriendo con mis disquisiciones en diferentes partes de esta obra. En este punto quisiera reparar en la primera regla de Descartes, que consiste en no admitir cosa alguna como verdadera sin tener evidencia de que lo es. Se trata de utilizar la duda como instrumento para llegar a la certeza. Hacer dudar; hacer dudar hasta de las palabras, no por la duda en sí misma, sino por los diferentes significados que pueden conllevar o se le pueden atribuir a las palabras. Hay que analizar el texto y el contexto, que a veces es simple y otras multifactorial.

Hay que cultivar el escepticismo, en su sentido original de poner en duda, de examinar y analizar, pues el término viene de la palabra *skeptesthai* o *skepsis,* que en griego significa 'examinar' o 'investigar'. Esto nos alejará de los dogmatismos y/o de la aceptación incondicional - ya sea por ignorancia o bien por desidia - de los discursos dogmáticos simplistas e interesados. No sé si sigue estando vigente la frase «poner en tela de juicio», que oía mucho de pequeña, que la llevo conmigo y la practico; aunque confieso que no tanto como debiera cuando se trata de las personas, de los comportamientos individuales, pero siempre, o casi siempre, cuando se trata de lo colectivo, o lo individual que incide en lo colectivo. En esos casos, rehúyo el discurso que, de forma explícita o encubierta, presenta la cuestión de forma dogmática, es entonces cuando trato de analizar y de discernir. No es escepticismo por indiferencia, es escepticismo por prudencia, porque no hay proposiciones incuestionables, y toda filosofía de vida debe descansar, al menos, en el sentido común. A los más curiosos les recomiendo el análisis que hace Hume del escepticismo, basándose en el legado de Pirrón de Elis. Desde mi perspectiva, lo destacable de ese análisis es que cuando lo compara con lo cartesiano, como lo hacen otros filósofos modernos, ese escepticismo algo diluido de Hume, junto al academicismo, devienen en la adopción de actitudes que son aplicables en el ámbito de la vida cotidiana.

Otra cuestión a la que me permito hacer aquí mención expresa es a un hecho relativamente reciente. Desde hace unos años se hacen estudios sobre un tipo de duda que no conduce a la sabiduría, sino muy al contrario: que crea más dudas, cuando no ignorancia. Se trata de la duda —cuando no ignorancia— culturalmente inducida en la población a través de la publicación de datos científicos erróneos o con significativos sesgos tendenciosos. No son casos raros, sino que tienen una presencia muy amplia en la vida diaria, como son, por ejemplo, ciertos aspectos relacionados con la salud, con las vacunas o con el cambio climático. En la actualidad hay incluso una disciplina que estudia esta forma de sembrar duda e ignorancia, a la que se ha dado el nombre de Agnotología, un neologismo del griego donde interviene la palabra *agnosis* (no conocimiento). Es el estudio de la duda y la ignorancia culturalmente inducida. Es este un problema de gran impacto en la sociedad, y por ello nos tendría que reforzar en el compromiso de mantenernos vigilantes y practicar seriamente el ejercicio de la duda.

No quisiera obviar referirme también a los casos, cada vez más comunes, en que una información más extensa sobre un tema deviene en que se tengan más dudas que al comienzo. Es por eso por lo que el análisis debe hacerse de forma crítica, buscando la validez interna de la cuestión, es decir, la capacidad de los hallazgos para que representen la verdadera relación entre el problema y su desenlace, bajo las condiciones específicas en que se está realizando el análisis. Hay que prestar mucha atención a los criterios de inclusión y exclusión en los contenidos que se analizan, pues deben representar en lo posible todo el espectro de cuestiones y no dejar fuera ninguno de sus aspectos relevantes. Para tomar decisiones autónomas, tanto en lo personal como en nuestros entornos amistosos o familiares, así como en lo relacionado con nuestro posicionamiento político o social, se debe recurrir al análisis crítico de la información, y también al de la utilidad, en la resolución de nuestras inquietudes o de nuestros intereses.

Ciertamente que hay que poner en práctica el ejercicio de dudar y conviene decir que, hasta donde sea posible, hay que usar la validación de las conclusiones obtenidas: esta es la cuarta y última regla de Descartes. Es lo que en general hace el método científico: tomar como verdad final esas conclusiones, pero teniendo siempre presente que, con información adicional o con nuevas metodologías no disponibles en el momento, puede llegarse a conclusiones diferentes. Es decir, tratemos de alcanzar lo más profundamente posible la certeza de nuestras conclusiones, pero otros pondrán ponerlas en duda y, ante nuevas evidencias demostradas, tengamos la suficiente humildad para rechazarlas y/o modificarlas. En la expresión de la duda no solo se amplía y se enriquece el pensamiento, sino también el lenguaje, motor de comprensión y actividad creadora. Decía Chomsky que las palabras son más una expresión del entendimiento humano que un producto de la naturaleza.

No se trata de desarrollar conductas especializadas, sino de especializar a los individuos en SABER MIRAR, saber poner en duda, como parte del desarrollo normal de las capacidades creadoras, para establecer claramente la naturaleza de las cosas.

LA DESINFORMACIÓN

*La manipulación mediática hace más
daño que la bomba atómica porque
destruye los cerebros.*
NOAM CHOMSKY

Hasta hace pocos años, en mi proceso formativo siempre aparecía la palabra *información*, y comúnmente entendía que era la búsqueda de datos para extraer conocimiento, información veraz y transparente, información proactiva. Después aprendí lo que eran los sistemas de información, la teoría de la información de Shannon, la cantidad de información de Fisher, y muchas otras. Todas son distintos tipos de información, información de distinta índole, pero todas ellas, de una manera u otra, con fórmulas matemáticas o sin ellas, tratan de proporcionar información, incluso algunas con aplicaciones prácticas bien conocidas, como la de Shannon, que se puede aplicar a la publicidad, al *marketing* o a la difusión masiva. Sin embargo, en la actualidad, además de información veraz e información científica útil para la sociedad, me tropiezo con un concepto que no deja de sorprenderme porque viaja en sentido contrario: es el de la *desinformación*. Es una cuestión a la que no me puedo sustraer, por más que me incomode, pues la tenemos presente en nuestro día a día. Es un problema real y creciente en nuestra sociedad global y que sin duda interfiere en el objetivo de «saber mirar».

La desinformación no es falta de información, sino una forma intencionada de divulgar información sesgada o directamente falsa para influir en la opinión pública y ocultar o desviar la atención de la verdad. Y no la quiero clasificar e incluir como «ruido», porque considero que es un gran estruendo. La desinformación siempre ha existido, pero la difusión de esa desinformación se suele hacer en la actualidad a través de las redes sociales y suele conseguir, como ya he dicho, desviar el foco de la atención ignorando lo relevante, o bien que las personas desconfíen de las fuentes fiables. No se trata de algo casual que se vierte hacia el buscador de información, sino que se define como una campaña hostil que suele incluir verdades, mentiras, juicios de valor, exageraciones, datos descontextualizados, sesgos intencionados y el uso de otras técnicas con el propósito de manipular a la población. Está ampliamente demostrado que es una de las vías más eficientes para moldear la opinión pública, de tal manera que, usando estas estrategias, se ha conseguido construir o destruir corrientes ideológicas o movimientos sociales.

Insisto en que la desinformación no es la falta de información, sino la propagación intencional e interesada de información engañosa y malintencionada con el fin de intentar manipular las creencias y opiniones del público en general, frecuentemente agitando sus emociones, pues actúa sobre la psique colectiva. Ejemplos claros de esa intención de manipular a la población los tenemos en el día a día, ya sea con fines lucrativos o para conducirnos de forma deliberada a admitir ciertos errores, pues se suele usar con fines políticos o comerciales. No es cuestión de que entre aquí a valorar sus argucias, pues es una técnica extensamente conocida. Timsit la describió e hizo una síntesis de la mayoría de estas prácticas de manipulación: distraer, crear problemas artificialmente para luego solucionarlos, que el proceso debe producirse de forma gradual... Es una de las argucias de la agnotología, tiene amplia presencia en los medios de comunicación y está estrechamente relacionada con la propaganda y las ahora conocidas con el anglicismo *fake news*.

Dice Bacon que «el conocimiento es poder», y hay una frase popular de reciente cuño («información es poder») que hay quien la amplía a esta otra: «información es poder, siempre que puedas transformarla en acción». Pues ahora resulta que, muy a mi pesar, tengo que admitir que también la desinformación es poder. Dice Proctor, quien acuñó el término, que este tipo de tecnología de la desinformación surgió en la industria tabacalera, pero sea cual sea el origen del término lo cierto es que es un hecho lo que él dice: la ignorancia es poder... y la agnotología es la creación deliberada de ignorancia. Usan la estrategia de mentir, de desacreditar con insistencia la credibilidad de fuentes solventes y de negar hasta la evidencia de hechos probados. Estas prácticas, en las que colaboran los medios interesados y la publicidad, desde mi punto de vista son realmente perversas y es lo que ahora se ha dado en llamar *posverdad* (de «post-» y «verdad»), palabra que me rechina porque lleva incorporado el término «verdad», precedido de «post-», algo que pasa después, y realmente lo que resulta ser es una distorsión deliberada de la verdad. Siguiendo mi lema de cuidar la precisión del lenguaje, se me ocurren un par de palabras bastante estrambóticas e impronunciables, pero más acordes con su significado: *manipulaverdad* o *perversionverdad*.

Por ahora, solo me quedo con la gran inquietud que me produce el ampliamente demostrado poder de la desinformación y sus efectos, que puede combatirse entrenándose en «saber mirar».

LA NECESIDAD DEL DEBATE

Un hombre con convicción es un hombre difícil de cambiar. Dile que no estás de acuerdo y se va. Muéstrale datos o cifras y cuestiona tus fuentes. Apela a la lógica y él no ve tu punto de vista.

LEON FESTINGER

Toda convicción es una cárcel.

NIETZSCHE

Hemos hablado en apartados anteriores de que para adquirir conocimiento hay que tener la voluntad de hacerlo, lo que nos llevará a buscar fuentes fidedignas y procurarnos las herramientas adecuadas. Para ello, el primer esfuerzo es el de separar la señal del ruido, es decir, prestar atención al objetivo procurando ignorar los distractores.

En esta época, en que estamos sobre-estimulados por los dispositivos electrónicos, en que nos obligamos a que nos acompañen a todas partes, siempre abiertos y «a mano» para atender de inmediato a la pantalla, la atención a lo relevante no solo no se ve favorecida, sino que puede llevarnos a un preocupante déficit atencional. Demasiadas cosas a las que atender, sin separar lo importante de lo superfluo, el objetivo de los distractores, la señal del ruido. El ruido es todo aquello que rodea a nuestro objetivo, lo que nos distrae, impidiéndonos llegar al conocimiento, si no se hace el esfuerzo de entrar en debate de forma activa, con uno mismo y con los demás. Dice Montaigne en uno de sus ensayos: «El ejercicio más fructífero y natural de nuestro espíritu es, a mi entender, la discusión». Discutir con libertad sobre cualquier tema, incluidas las opiniones opuestas a las propias, enriquece y fortifica. Una discusión en buena lid no ofende, solo la hace noble buscando la verdad.

Hay quien dice que no quiere discutir porque, para esa persona, discutir es sinónimo de pelear; craso error, la discusión enriquece. Cuando me encuentro en estas situaciones, que por desgracia son más de las que deseara, y que van en aumento, trato de sacar del error arguyendo que en cualquier artículo científico la parte más relevante es la «discusión», pues es donde los investigadores tratan de poner de manifiesto su aportación real al conocimiento de ese tema, cómo se ha estudiado para llegar con rigor a una solución o a una conclusión. En el debate abierto, la riqueza de la diversidad de opiniones, conocimientos y puntos de vista es un valor adicional. Quizás convenga instruir sobre los principios del debate filosófico y leer obras donde se vierten algunos de ellos y que versan sobre temas muy diversos que el ser humano considera trascendentes, tales como la existencia de Dios o el pensamiento político o económico. Recordemos enfrentamientos de filósofos de gran influencia en la historia del pensamiento occidental, como Platón vs. Aristóteles, y los que han generado nuevos debates, tales como Santo Tomás de Aquino vs. Guillermo de Ockham, el de

Hume vs. Kant, el de Descartes vs. Spinoza o el de Marx vs. Bakunin.

Siempre he disfrutado debatiendo y creo que aprendo mucho en el transcurso del debate. También me han interesado algunos de los que se han desarrollado entre eminentes personajes, especialmente cuando versaban sobre la naturaleza de la realidad y el sentido de la vida con toda su complejidad de dolor y sufrimiento, como el Nietzsche vs. Schopenhauer, donde Nietzsche muestra su lado crítico y provocador («voluntad es poder») y Schopenhauer vierte toda su característica carga de pesimismo («el sufrimiento es inherente a la vida»). En definitiva, creo que el debate es instructivo, apasionante, incluso divertido, porque es argumentativo y ayuda a comprender no solo las razones del otro, o de los otros, sino también nuestras propias razones al obligarnos a argumentar y clarificar nuestras ideas, nuestro propio pensamiento.

En el debate, tal y como lo proponemos, la confianza se genera con la sincera búsqueda de la verdad. El debate no puede basarse en la desinformación, en la que se manipulen malintencionadamente los distintos tipos de información con juicios de valor, noticias sesgadas, verdades a medias, descontextualización, mentiras o exageraciones. Y en las que las afirmaciones no se basan en datos, sino en propuestas demagógicas para cambiar su significado. La degradación del debate se produce, y es realmente perversa, cuando se recurre a la retórica de la desinformación, cuando se persiste en la estrategia de negar los datos, la credibilidad de sus fuentes solventes, incluso llegar a cambiar los datos y la realidad para negar la evidencia de hechos acaecidos y probados.

En el debate no se trata de manipular, sino de esclarecer los conceptos para buscar la verdad. Se trata de argumentar para tratar de establecerla o, al menos, buscarla. Es entonces cuando las relaciones interpersonales serán fluidas y el debate será efectivo. Y aquí, de nuevo, hay que hacer un llamamiento especial a la inteligencia emocional, en cuanto al control, a la empatía y a las competencias intrapersonales y personales. Esto es: autoconciencia, auto-control, conciencia social, empatía y habilidades sociales.

Alejarse de estas prácticas en el debate, o rehuirlo, como sucede cada vez con mayor frecuencia en nuestra sociedad, es un mal pronóstico para el sano desarrollo personal y social. Entre otros factores, limitar la búsqueda de respuestas y la comunicación a lo que nos ofrecen las máquinas, o sumergirse en el océano de la agnotología, es crear un buen caldo de cultivo para generar individuos que son buenos candidatos a caer en el pasotismo social, o personas que buscan asimilarse a modelos títere, o bien a modelos de pensamiento prefabricado, que los llevan a la radicalización.

EL MIEDO

*Podemos perdonar fácilmente a un
niño que teme la oscuridad; pero
la verdadera tragedia de la vida es
cuando los adultos temen la luz.*
PLATÓN

*El miedo pone en fuga los
pensamientos justos.*
PLATÓN

El miedo es una emoción ampliamente com-
partida. Y la introduzco aquí como continua-
ción al debate porque, a fuerza de no debatir,
se nos ha olvidado que, en gran medida, no
debatimos por miedo. El miedo es un gran
enemigo de la libertad: miedo a salir de mi
zona de confort, miedo a perder el trabajo, o

la fama, o la consideración del grupo, o a que descubran mis intenciones, o lo que creo o lo que verdaderamente pienso. Nietzsche dice: «Todo lo que nos da miedo que los demás descubran, eso es nuestra profundidad, nuestra unicidad y nuestra belleza». «Me gustaría decir "¡sé tú mismo!". Pero caería en la hipocresía, ya que yo no lo hago muchas veces».

He dicho que el miedo es el gran enemigo de la libertad. Se pueden encontrar en el texto algunas frases alusivas a la libertad, a la libertad de pensamiento, de expresión o a no ser prisioneros de mensajes y estímulos que nos llevan hacia un espejismo de libertad. Esto último lo consiguen manipulando nuestras emociones, entre ellas, el miedo. El término libertad y su concepto son tan amplios y llenos de facetas y aristas que requerirían un tratado completo y complejo. No obstante, aquí las referencias se hacen a la libertad personal que se encuentra en ese acto consciente y deliberado de la búsqueda de conocimiento, huyendo de toda la manipulación mediática y emocional. Consideremos también que estamos inmersos en lo que podría llamarse la libertad institucional y aquí me remito y recomiendo la lectura de la obra de Hegel *Filosofía del Derecho,* pues es una visión filosófica muy audaz sobre la realización ético-social de la libertad. Las tres partes fundamentales de la obra: «el derecho abstracto» (*abstraaktes Recht*), la «moralidad» (*Moralität*) y la «eticidad» (*Sittlichkeit*), deberían ser de lectura obligada para todos los políticos y dirigentes, sobre todo la última parte, el desarrollo de la liberad dentro de la realidad política y social. Esta disquisición, que me ha llevado por los caminos de la libertad hegeliana, la he hecho con la intención de incidir en las reflexiones sobre el miedo, pues la libertad es un riesgo y eso comporta miedo.

Otra gran fuente generadora de nuestros miedos es la incertidumbre, un tema que me apasiona desde sus diferentes aspectos y acepciones, tanto, que tengo en mi haber estudios científicos y un poema con ese título. La incertidumbre es otra de las emociones que nos resulta difícil de gestionar y nos genera miedo. Por supuesto que no estoy pensando en el principio de incertidumbre de la mecánica cuántica, estoy pensando en el miedo que nos puede generar la incertidumbre al enfrentarnos con determinados temas en el proceso que se propone en el «saber mirar», especialmente cuando, además de a una conclusión, se quiere llegar a tomar alguna decisión. No es mi intención entrar aquí en profundidad en la incertidumbre asociada a los procesos probabilísticos, ni en este ni en otros caminos apasionantes ligados a la ciencia, pero si deseo decir, al menos, que la incertidumbre, esa fuente de miedo, se puede afrontar con conocimiento y reflexión, y que frente a algunos tipos de incertidumbre se puede adoptar una conducta adaptativa aceptando lo que consideramos «lo menos malo». No obstante, estoy convencida de que muchas de nuestras incertidumbres de la vida cotidiana las generan mensajes nocivos y falsos, provenientes de fuentes maliciosas o simplemente ignorantes, de las que ya hemos hablado; por eso abogo por seguir los principios del saber mirar también ante la incertidumbre.

Es importante conocer y reconocer el alcance de nuestros miedos. El miedo nos protege, pero también es una de las emociones naturales más destructivas de la razón. Si repasamos la historia, encontraremos que el miedo ha llevado a personas y a países a una gran desolación. El neurocientífico Damasio, en su teoría del *marcador somático* y en varias de sus obras, explora las interrelaciones de las emociones con la razón en el momento de tomar decisiones. Por lo tanto, para controlar o vencer ese miedo, hay que comprender esas emociones, hacerlas conscientes y someterlas a análisis. Esto es, seguir los pasos que se proponen en «saber mirar». En cuanto a otro tipo de miedo, el miedo al uso de la palabra en los foros de debate, debemos sobreponernos al miedo escénico, pues para discutir no es necesario tener la elocuencia de Cicerón, basta la disposición flexible, generosa y no exclusivista.

EN RIESGO DE EXCLUSIÓN

Exclusión social es la situación que afecta a individuos o grupos humanos, impidiéndoles acceder a un nivel de calidad de vida decente, y/o de participar plenamente, según sus propias capacidades, en los procesos de desarrollo.
Organización Mundial de la Salud (OMS)

Donde hay educación, no hay distinción de clases.
Confucio

Todo aquel que no se construye y se fortifica interna y mentalmente con el esfuerzo individual queda al albur de las corrientes, de los mensajes interesados, reiterativos y acomodaticios, adoptando las posturas de lo que tiene «más a mano».

El párrafo anterior viene a refrendar palabras y frases que he ido desgranando en este texto, algunas entiendo que pueden doler o sorprender, como que se trafica con nuestros sentimientos, que nos hurtan o cedemos voluntariamente nuestra atención, que vivimos en una fantasía con apariencia de libertad. Dijo Gandhi que la verdadera educación consiste en obtener lo mejor de uno mismo, y esto no sucede cuando vivimos adocenados, ahogados en el naufragio de los estímulos eternos, adormecidos por el amplio universo digital en el que estamos inmersos.

Buscando un referente que se aproxime a esta idea, recuerdo a María Zambrano cuando hace distinción entre *transitar* y *trascender*. Quien transita es un personaje que se mueve por la escena, que vive el momento pasivamente, sin profundizar, como algo ajeno, vive hacia fuera, vertiendo su mirada al exterior. Trascender es el movimiento de la persona haciéndose a sí misma, tomando las riendas, la responsabilidad y el compromiso.

En la actualidad se suele utilizar la frase «personas o grupos en riesgo de exclusión» para referirse a la exclusión social, generalmente debida a problemas de tipo económico. Aquí, por lo dicho anteriormente, entiendo y propongo que este concepto pueda extenderse y sea aplicable a aquellas personas o grupos que, al no buscar el conocimiento, se van idiotizando. Son personas que se rigen mucho más por lo emocional que por el razonamiento. Difieren el compromiso y gradualmente se van automarginando. Estas personas están en riesgo de exclusión de vivir sus propias vidas, de poder aflorar sus fortalezas, de reconocer y superar sus debilidades, de establecer comportamientos humanos y humanitarios. Están en riesgo de ser personas no comprometidas consigo mismas ni con el mundo a través de su entorno más cercano.

REALIZACIÓN Y PROYECCIONES

El proyecto SABER MIRAR PARA CONS-
TRUIR CONOCIMIENTO es un proceso formativo y autoformativo aplicable cuando uno
se enfrenta a cualquier materia y circunstancia, incluso a la propia vida. Es una forma de
entender la educación en su sentido más amplio. Sin embargo, hemos dicho anteriormente que saber mirar no es un acto espontáneo,
sino que requiere reflexión y aprendizaje. Se
trata, pues, de proponer unas pautas de actuación para llevar ese proceso de enseñan-
za-aprendizaje a realidades y a foros concre-
tos, siguiendo una metodología.

Dependiendo de los foros, ya que considero deseable que el programa se lleve
fuera del ámbito académico a todos los
grupos sociales, se puede proponer que los

participantes elijan la noticia, la imagen o cualquier otro tema u objeto que por alguna razón les interese, ya sea por su trascendencia, por su vigencia, por su impacto social o emocional o por otras razones.

Sea cual sea el tema, hay que mirarlo y remirarlo. Hay que detenerse, verlo y analizarlo. Llegados a este punto, se puede proponer un ejercicio que consista en intentar abordar el aprendizaje haciendo uso de una fotografía e ir haciendo paralelismos con aquello en lo que se está interesado. Esto es muy fácil cuando se trata de un asunto social o de una noticia que aparece en los medios. Se iniciaría con la búsqueda de su autoría, la fecha, la hora y la posible intención que llevó a realizarla, para pasar a analizar su composición, sus planos, sus ángulos, sus puntos de fuga, sus luces y sus sombras. Habría que reparar en su contenido, en sus colores y en cómo interactúan los distintos elementos, si aparecen de forma espontánea o si la escena estaba preparada. Observar qué aparece en primer plano, lo que parece secundario, lo que está iluminado y lo que está en penumbra, y preguntarse por el qué, el porqué y el para quién se hizo esa foto.

Para llegar al conocimiento, habrá que seguir mirando y analizando hasta saber lo que pasa dentro de la foto, qué es lo que la foto dice y lo que no dice, lo que revela y lo que oculta. Habrá que continuar haciendo el análisis hasta donde preceda: si se ha publicado, lugar de la publicación, si la acompaña texto, qué tipo de texto, si el texto concuerda, refuerza o contradice algo de la imagen, si existen incoherencias o peculiaridades en esa imagen, etc. Este ejercicio, que no se pretende describir aquí de forma exhaustiva, puede ser un buen entrenamiento para adentrarse en el significado y ejercitarse en la tarea de «saber mirar».

Llevado al aula, o a algún otro foro, seguiremos al menos los siguientes pasos:

1. Elegir un tema, o abordar una realidad circundante.
2. Recopilar la información disponible atingente al tema.

3. Aprender a mirar para ver lo relevante.
4. Descubrir o fijar la naturaleza del objeto. Ver el objeto.
5. Analizarlo: dudar y poner a prueba.
6. Descubrir sus propias fortalezas y debilidades.
7. Refuerzo del lenguaje propio del tema.
8. Debatir, si es posible, con expertos en la materia.
9. Exponer las conclusiones con precisión.
10. Vencer los miedos a resultados no convencionales.

Este proyecto posibilita que cualquier tema que se suscite, sea cual sea su índole, es susceptible de ser tratado desde la perspectiva del «saber mirar». No hay límite ni restricciones. Considerando ciertos foros educacionales y sociales, estamos inmersos en la articulación de un número extenso de unidades temáticas. Cada una de ellas se confecciona con expertos en las diversas materias, pero todas han de seguir los pasos del proceso: mirar, comprender, analizar, discernir y concluir. De hecho, ya se tiene una guía provisional de los siguientes módulos:

- Saber mirar. **¿Hablamos?**
- Saber mirar la Educación.
- Saber mirar la Ciencia.
- Saber mirar la Cultura.
- Saber mirar las Culturas.
- Saber mirar al Diferente.
- Saber mirar el Entorno.
- Saber mirar la Naturaleza.
- Saber mirar el Arte.
- Saber mirar la Matemática.
- Saber mirar la Luz.
- Saber mirar el Espacio.
- Saber mirar el Universo.
- Saber mirar las Leyes y las Normas.
- Saber mirar las Catástrofes.
- Saber mirar lo Contingente.

Cada uno de estos módulos tiene un esquema de inicio y una vía de desarrollo que van completando los diferentes ponentes o docentes y las personas o grupos implicados. Estas tareas las concebimos como un bien social. Son tareas formativas y educativas para cualquier edad, en donde intervienen de forma activa todas las partes, disminuyendo la aporía y generando sinergias para la búsqueda del conocimiento. Para dar el paso de las ideas a la práctica, la Fundación, apoyada por otras instituciones, ha comenzado a hacer reuniones mixtas con expertos en muy diferentes áreas de conocimiento cuyas conclusiones se van recogiendo para construir el *Decálogo de Saber Mirar.* El objetivo es generar un documento común de actuación, dotándonos así del armazón esencial y básico al que posteriormente cada materia y grupo concreto revestirá con su contenido específico y con sus peculiaridades.

NOTA

En un principio, este texto no se acompañaba de bibliografía alguna, porque las referencias que se hacen a diferentes autores suelen ser genéricas y en la actualidad cualquiera tiene fácil acceso a ese tipo de información: autores, obras, etc. Además, quería ser fiel al propósito de esta publicación, en la que se recomienda que sea al lector quien haga la búsqueda y se enriquezca con ella. Así, por ejemplo, espero y deseo que cuando se menciona el término o se habla de lo «socrático», el lector que lo desconozca se acercará a la figura de Sócrates, conocerá que fallece el 15 de febrero de 399 a. C. y advertirá que no se le conoce ninguna obra escrita, quizás, como dicen, porque creía que cada uno debía desarrollar sus propias ideas, y que fueron sus discípulos: Platón, Jenofonte, Aristipo y Antístenes, quienes nos transmitieron las del maestro. Al mismo tiempo, quizás en esa búsqueda lea y aprenda que Sócrates le dio prioridad a la comunicación, al diálogo, al debate, a dotar a la palabra de «verdad, bondad y utilidad», a preguntar y a preguntarse, para ir ahondando en el concepto y llegar a su raíz y a su esencia.

Pues bien, algunos amigos y colegas me advierten sobre mi posible error, al dejar todo en manos del lector, así que he cedido ante sus opiniones, pero solo en parte (no hay referencias bibliográficas de Bacon, Cicerón, Chomsky, Erasmo, Fisher, Gandhi, Hegel, Juan Ramón Jiménez, Moulines, Nietzsche, Pierrón de Elis, Shannon, Spinoza ni de María Zambrano).

Doy algunas referencias siguiendo el formato de las normas APA, pero no me privo de saltarme alguna norma, haciendo modificaciones y comentarios.

REFERENCIAS con mis comentarios

DAMÁSIO, A. (1994). *O Erro de Descartes, Emo-cão, Razão e Cérebro humano.* Temas e Debates. Lisboa.
Todas las obras del neurocientífico António Damásio son de gran interés y actualidad. Aquí se ha citado en lo relacionado con la cognición y las emociones, así como con la toma de decisiones.

DESCARTES, R. (1637). *Discours de la méthode. Pour bien conduire sa raison, et chercher la Verité dans les sciences. Plus la Dioptrique, les Météores et la Geometrie, qui font des effais de cete Méthode .*
Lo publicó de forma anónima (De l´Imprimerie de Ian Maire) en Leyde. Holanda

GOLEMAN, D. (1995). *Emotional Intelligence: Why it Can Matter More Than IQ.* Bantam Books
— (2011). *The Brain and Emotional Intelligence: New insights.* More Than Sound
— (2011). *Leadership: The Power of Emotional Intelligence-Selected Writings.*

HERBART, J.F. (1806). *Allgemeine Pädagogik aus dem Zweck der Erziehung obgeleitet. Pedagogía General Derivada del Fin de la Educación* (1910) es una traducción de esta obra realizada por Lorenzo Luzuriaga. Está prologada por José Ortega y Gasset y ese extenso prólogo ya es una obra en sí misma. Ediciones de la lectura. Madrid.

HUME, D. (1748). *An Enquire Concerning Human Understanding.* Printed by John Noon. London.

KANT, I. (1781 y 1787). *Kritik der reinen Vernunft* (βernunft, en el original de 1781, con la β específica del alfabeto alemán y en mayúscula (raro). Riga.

Es su obra más famosa, mundialmente conocida, y se podría decir que es su teoría del conocimiento.

LEIBNIZ, G (1686). *Discours de métaphysique*. Wikisource.

Filósofo y matemático: influenciado por Descartes, Arquímedes, Spinoza, Tomás de Aquino, Euclides, Malebranche. Él a su vez influencia a Kant, Hume, Hegel, Einstein.

Merece la pena acercarse a este personaje, pues además de sus relevantes contribuciones a la matemática, al cálculo y a la física, impactan sus escritos políticos (fue consejero real) y filosóficos. Fue profesor y director de tesis de Bernouilli.

Por sus relaciones con ese texto, conviene reseñar aquí el ensayo:

- *Nouveaux essais sur l'entendement humain*. (1765). Wikisource.

  Es una refutación, punto a punto, capítulo a capítulo de la obra de Locke *Ensayo sobre el entendimiento humano*, al mismo tiempo que influencia a Kant en su obra *Crítica de la razón pura.*

- *Monadologie* (1720). Wikisource.

  Este otro ensayo no mantiene relación directa con el texto *Saber mirar,* pero está impregnado de pensamiento y conocimiento. Ofrece una mirada muy particular, en la que se mezclan lo matemático, lo metafísico, lo físico, lo filosófico, lo biológico y lo psicológico. Me aproximo a este ensayo como a un poema, como quien lee una novela con unas excepcionales protagonistas, las mónadas, que son unas sustancias únicas, cambiantes, autárquicas, sin extensión ni figura.

LOCKE, J. (1690). *An essay concernig Human Understanding* (four books). Printed for Tho. Baffet and fold by Edw. Mory at the Signo of the Threr Bibles in St. Paul's Church-Yard. London.

LURIA, A.R. (1966). *Higher cortical functions in man.* New York. Basic Books.

Montaigne, M de. (1533-1592). *Essais.* Chez Abil Langllier. Paris

Estos ensayos son una continua revisión que hace el autor de su pensamiento, un pensamiento humanístico, en un estilo cercano y conversacional, fuera de actitudes pretenciosas o desasosegantes. Fue en el ejemplar de Burdeos de 1588 sobre el que Montaigne hizo anotaciones y correcciones durante décadas. Un tema muy interesante, entre otros que tienen relación con el texto *Saber mirar,* es cuando habla de la mentira.

Proctor, R. (2008). *Agnotology: The making and unmaking of ignorance.* Stanford University Press.

Vigostsky, L. 1934, (1986). *Thought and language.* Cambridge, MA: MIT Press.

Castillo de Cèsis (Lituania)

Carmen Santisteban Requena

Es Licenciada y Doctora en Ciencias Matemáticas por la Universidad de Granada, diplomada en la Escuela Superior de Estadística e Investigación Operativa y ha realizado estudios en las facultades de Medicina y de Psicología.

Su curriculum vitae es complejo y habría que diseccionarlo en distintos apartados. En lo profesional hemos decidido tomar datos de los aportados a la Comisión Interministerial de Ciencia y Tecnología.

Tiene una extensa participación en gran diversidad de proyectos de toda índole, desde I+D financiados en convocatorias públicas, como la participación en comités en representaciones internacionales.

Paralelamente ha organizado múltiples Congresos, Workshops y Simposia nacionales e internacionales, participado en Comités como Presidenta, Secretaria General o miembro del Comité Organizador y del Comité Científico.

Dentro de la investigación, es miembro fundador con grupo propio de investigación en el Instituto Pluridisciplinar de la UCM; Directora del Grupo de Investigación: «Psicología Matemática: Medición y Modelización de Procesos»; miembro de la Junta Directiva de la Sociedad Española de Estadística e Investigación Operativa (1984-1986) y de la Asociación para el Desarrollo de la Informática Educativa (1989- 2004)

Finalmente, es fundadora de la Sociedad Española de Biometría y en su presidencia, impulsó la creación del Grupo Internacional y luego la Spanish Region de la International Biometric Society de las que también fue su primera presidente.

Durante su vida profesional ha generado multitud de documentos científicos, publicado más de una decena de libros y más de un centenar de artículos científicos en revistas nacionales e internacionales referenciadas.

Como resultado de sus inquietudes artísticas, ha participado en varias exposiciones colectivas de pintura. Recientemente, ha publicado un libro de poemas, *El peso del color. Desde mis ojos* que, como dice su prologuista, incluye ese subtítulo «para remarcar esa visión subjetiva que es inherente a la creación artística.»

Su acción más relevante después de la jubilación ha sido crear una Fundación, de cuyos objetivos —y su relación con el programa "Saber Mirar"— expone en una extensa entrevista que le hace Consuelo Jiménez de Cisneros y Baudín en la revista *El Cantarano.*

ALGUNAS PUBLICACIONES DE LA AUTORA RELACIONADAS CON *SABER MIRAR* (Título, año y revista)

Modelos probabilísticos para la evaluación de las diferencias individuales (1985). *Revista de la Real Academia de Ciencias Exactas, Físicas y Naturales.*

Modelos de adaptación de sistemas hombre-máquina (1986). *Revista Psicología General Aplicada.*

Análisis de los test de inteligencia utilizando la teoría de la información (1989). *Revista de Psicología General y Aplicada.*

Decision models to evaluate human behaviour toward everyday sounds (1989). *Environmental Acoustics.*

Efectos del ruido sobre la memoria y la atención. (1990). *Psicothema*.

Effect of everyday noises on comprehension and recall of reading texts (1993). *Noise as a Public Health Problem*.

Aplicación de la RM a la obtención de mapas de localización funcional en corteza cerebral (1996). *Radiología*.

Improvement of functional magnetic resonance images by pretreatment of data (1996). *Eur. Biophys. Journal*.

An evaluation of the CODE Theory of Visual Attention extended to two dimensions (1999). *ACTA Psycologica*.

¿El ruido afecta a la focalización de la atención visual? (1999). *Psicothema*.

A clustering methodology for detecting activation signals in functional MR images, (2000). *European Journal of Biophysics*.

DEVAT: Desing of Experiments for Visual Attention Tasks (2000). *Methods of Psychological Research*.

Joint Effects of Noise, Personality and Environmental Factors on the Intelligibility of Speech. (2001). *Methods of Psychological Research*.

Differences between experience of anger and readiness to angry action: A study of Japanese and Spanish students. (2002). *Agressive Behavior.*

Individual Differences in Anger Reaction to Noise (2004). *Individual Differences Research.*

Evaluation of the Perceptual Grouping Parameter in the CTVA Model (2005). *Psicologica.*

Impulsivity: a review (2006). *Psicothema.*

Evaluation of a Spanish version of the Buss and Perry aggression questionnaire: Some personal and situational factors related to the aggression scores of young subjects (2007). *Personality and Individual Differences.*

How impulsiveness, trait anger, and extracurricular activities might affect aggression in school children. (2008). *Personality and Individual Differences.*

A Magnetoencephalographic Study of Brain Dynamics Associated with Conflict in Selective Attention (2011). *Neuropsicología, Neuropsiquiatría y Neurociencias.*